Simone Overath Katrin Lambert

Transformation CODE

SYMBOLE DER NEUEN ZEIT

Anleitung zu den 45 Karten

Die Ratschläge in diesem Kartenset sind sorgfältig erwogen und geprüft. Sie ersetzen keine ärztliche, heilpraktische oder therapeutische Behandlung. Alle Angaben in diesem Kartenset erfolgen ohne Gewährleistung oder Garantie seitens der Autorinnen oder des Verlages. Eine Haftung der Autorinnen bzw. des Verlages und seiner Beauftragten für Personen-, Sach- und Vermögensschäden ist daher ausgeschlossen.

ISBN 978-3-8434-9186-0

Simone Overath & Katrin Lambert
Transformation Code
Symbole der Neuen Zeit

2. Auflage Juni 2022

Box & Anleitung: Simone Fleck, Schirner, unter Verwendung von # 1011204931 (© nikille), # 1146140957 (© More Images) und # 1159289518 (© yuutsu), www.shutterstock.com, sowie Grafiken der Autorinnen
Karten: Simone Fleck, Schirner (siehe Bildnachweis)
Lektorat: Bastian Rittinghaus, Schirner
Printed & bound by: Ren Medien GmbH, Germany

www.schirner.com

Inhalt

Faszination und Bedeutung der Symbole

Schon vor Tausenden von Jahren nutzten sowohl weit entwickelte Zivilisationen als auch naturverbundene Völker die Kraft der Symbole. Bevor Krieger in den Kampf zogen, wurden spezielle Symbole auf ihren Körper gemalt. Diese sollten ihnen besondere Kraft verleihen, sie schützen und ihre Fähigkeiten verstärken und unterstützen.

In der modernen Welt sind wir immer noch von Symbolen umgeben. Allein unsere Sprache ist mit ihren Buchstaben ein Zeichenvorrat, mit dem wir permanent in Kontakt sind. Im Straßenverkehr zeigen uns Symbole das richtige Verhalten auf. Viele große Firmen bedienen sich der Einprägsamkeit von Symbolen in ihrem Logo.

Häufig verbinden wir unterbewusst ein bestimmtes Symbol mit Erinnerungen aus unserer Vergangenheit. Ein rotes Kreuz auf weißem Untergrund lässt viele vermutlich sofort an den Spielzeug-Arztkoffer aus Kindheitstagen denken.

Doch wie können Symbole uns in unserem Leben unterstützen?
In der Quantenphysik wird viel über Frequenzen und Schwingungen gesprochen. Geht man bis zu den kleinsten Teilchen unserer Existenz, besteht alles uns Umgebende und uns Form Gebende aus Information, eben Schwingung oder Frequenz. Manch einer spricht auch von Bewusstsein oder Energie. Letztlich muss jeder die Begrifflichkeit wählen, die zu seinem eigenen Verständnis von Wahrheit und Realität passt. Aufgrund seiner individuellen Erfahrungen, genetischen Voraussetzungen und Lebensumstände erfasst jeder Mensch auf einzigartige Weise seine Welt. Wir sprechen im weiteren Verlauf von »Information«, aus der Symbole bestehen und die sie an ihre Umwelt abgeben, denn für uns sind sie gleichzusetzen mit den Informationen, von denen im Zusammenhang mit der Homöopathie, den Heilsteinen und den ätherischen Ölen die Rede ist.
Im Grunde genommen bestehen Symbole immer aus geometrischen Formen. Es finden sich Wellen, Kreise, Dreiecke, Quadrate, Spiralen, Kreuze

und Striche in vielen Variationen wieder. Diese heilige Geometrie ist überall zu finden, im Kleinen wie im Großen, ob in Lebewesen, in chemischen Verbindungen oder im Universum.
Ist ein System unausgeglichen, blockiert oder sogar beschädigt, kann die Information eines Symbols ihm einen positiven Impuls geben, durch den es wieder in den Fluss kommt. Was dabei ein System ist, kann in vielfältiger Weise interpretiert werden: Ein Haus, der Körper, aber auch Orte und Beziehungen können Systeme darstellen. Mit dem richtigen Symbol bringen wir ihre Schwingung in Harmonie.

Die »Transformation Codes« dienen der Menschheit auf dem Weg in eine Neue Zeit, in der viele alte Paradigmen ausgedient haben. Die Welt befindet sich im Wandel, und genauso verändern sich deine Fähigkeiten und deine Empfangsbereitschaft. Durch eine Frequenzerhöhung der gesamten Erde bist du und ist jetzt auch dein physischer Körper in der Lage, dir diese Schwingungen dienlich zu machen. Deine DNA ist so weit aktiviert, dass mithilfe der Symbole auch in deinen Zellen die nötigen Prozesse in Gang gesetzt werden können. Aus der irdischen Perspektive erscheinen dir die Symbole vielleicht als einfach und reduziert. Doch in ihrer klaren Ordnung sind alle multidimensionalen Bedeutungsebenen und Frequenzbandbreiten enthalten, die mit dem Verstand nicht zu erfassen sind. Diese Symbole haben ihren Ursprung in der Quelle allen Bewusstseins und gehorchen der heiligen Geometrie. Sie stehen dir kraftvoll zur Seite, um dir zu Erkenntnissen zu verhelfen und dich auf deinem individuellen Weg auf allen Ebenen deiner Existenz zu unterstützen.

Wie dieses Kartenset entstanden ist

Die Symbole dieses Kartensets und ihre Bedeutungen wurden von mir, Simone Overath, aus der Geistigen Welt empfangen. Damit du verstehst, was das bedeutet, möchte ich kurz erzählen, wie ich zu der Fähigkeit gelangt bin, in Kontakt mit feinstofflichen Energien zu treten.

2010 war für mich einer der wichtigsten Wendepunkte in meinem Leben. Damals stand ich vor der Entscheidung, ob ich für einen Mann nach Kanada auswandern oder aber mein Glück in Deutschland suchen sollte, obwohl mich die Liebe meines Lebens abgewiesen hatte.

Ein Gespräch mit meiner Oma brachte mich näher an etwas, was in meiner Familie schon über viele Generationen weitergegeben wurde und mir daher in die Wiege gelegt worden war: die spirituelle Denkweise. Eine Form, sich mit den Geistigen Welten zu verbinden und mit ihnen zu kommunizieren, trat in mein Leben. Zuerst schrieb durch meine Oma mein, wie sie es nannte, »Schutzgeist«. Dadurch erhielt ich Antworten. Zugegeben, es waren nicht immer die, die ich gern gehört hätte: »Kanada ist zu diesem Zeitpunkt nicht der richtige Weg«, »Simone ist dem Weg in die Ferne gerade sehr zugetan, doch wird sie Erfüllung im Beruf und in der Liebe hier finden!«

Als ich damals die von meiner Oma empfangenen Zeilen las, die sie mir als Brief mitgegeben hatte mit den Worten: »Was du daraus machst, liegt ganz bei dir. Du hast einen freien Willen und kannst dich dafür oder dagegen entscheiden«, erstarb der Motor meines Autos. Ich hatte einen Nebenjob auf dem Weihnachtsmarkt auf der Kölner Domplatte und parkte daher unter der Deutzer Brücke. Ich hatte bei Außentemperaturen von –10 °C den Motor laufen lassen, um noch kurz den Brief zu lesen. Die Batterie meines Autos war an diesem Tag irreparabel kaputtgegangen. Schon damals kommunizierte die Geistige Welt mit mir, doch ihre Sprache verstand ich noch nicht. Wäre ich bewusst genug gewesen, hätte ich verstanden, dass sie mir damit sagen wollte, dass ich nicht woanders nach Erfüllung zu suchen brauche.

Achte auf die Zeichen! Die Geistige Welt kommuniziert permanent mit uns, ob durch sich wiederholende Zahlenkombinationen, Symbole oder eben einen Motorschaden.
Im Laufe der Jahre wurden meine Fragen immer mehr und präziser, und schließlich gingen sie über die Kapazitäten meiner Oma hinaus. Ich war auch nicht die Einzige, die auf diesem Weg bei ihr um Antworten bat. Zudem konnten wir uns nicht jederzeit über diese Themen austauschen, wenn wir einander trafen, denn nicht alle in meiner Familie haben einen Zugang zur Spiritualität. Doch ich erfuhr, wer sonst noch offen dafür war, und holte mir mehr Botschaften. Ich fand plötzlich Antworten auf all meine Fragen. Warum bin ich hier? Gibt es eine Bestimmung für meinen Weg? Wie finde ich heraus, wo mein Weg hinführt und vor allem: Wieso? Allmählich erlernte ich selbst die Techniken des »intuitiven Schreibens« und ihre Interpretationsmöglichkeiten.
5 Jahre nach meinem ersten bewussten Erlebnis mit der Geistigen Welt begann ich mit dem Schreiben. Meine Ängste hatte ich überwunden,

und die Neugierde überwog. Anfangs bekam ich sehr undeutliche Antworten, aber immerhin ein Ja oder Nein empfing ich. Es fiel mir leicht, den Stift führen zu lassen, und so wurden es schnell ganze und gut lesbare Sätze.

Woher wusste ich, dass diese Antworten nicht aus meinem Verstand kamen, sondern ich sie von der Geistigen Welt empfangen hatte? Begann ich, zu überlegen, wie Sätze wohl weitergehen würden, veränderten sie sich und endeten ganz anders, als ich gedacht hatte. Auch wurden immer wieder Wörter verwendet, auf die ich im Leben nicht gekommen wäre. Selbst meine Handschrift war eine andere als meine übliche, und die Geistige Welt verwendet keine Punkte und sonstige Satzzeichen. Mittlerweile kann ich Texte sogar am Computer empfangen.

2016, während ich mit meinem zweiten Sohn schwanger war, begann ich einen Meditationskurs. Dabei erfuhr ich, dass ich nicht nur in meinen oft wilden Träumen, sondern auch beim Meditieren visuelle Botschaften empfangen konnte. Meine bisherige Praxis des intuitiven Schreibens half mir, sie zu deuten.

Wenn ich es nicht war, wer schrieb dann? Ich nenne sie meine geistige Führung. Zuerst stellte sie sich mir als Josefine vor. Wie ich später erfuhr, war dies ihr Name in unserer letzten gemeinsamen Inkarnation auf Erden. Heute kenne ich auch ihren derzeitigen Namen.

Bei ihr sind noch weitere positive Energien, die mich in meinem täglichen Tun begleiten, unterstützen und schützen. Manch einer nennt sie Erzengel, andere gebrauchen andere Namen. Für mich spielt das keine Rolle, denn nach meinem Verständnis sind es immer Energien. Durch sie erhalte ich Deutungen von Träumen und Erlebtem, und dies dient immer meinem Weg der Vervollkommnung – dem Einswerden mit der Quelle allen Seins.

In meinen Meditationen erschienen mir seit 2019 auch Symbole. Manchmal sah ich sie auf der Stirn oder auf dem ganzen Körper, hin und wieder auch einfach vor meinem inneren Auge. Daher begann ich, sie aufzuzeichnen. Wichtige und in der Anwendung klare Symbole teilte ich von Anfang an mit Freundinnen, die dafür offen waren.

Und so kam es, dass ich mich vermehrt mit Symbolen, die seit Jahrtausenden Anwendung finden, und ihren Bedeutungen beschäftigte. Ich lernte viel über das Heilen mit Symbolen und erfuhr von Erich Körbler und Neuer Homöopathie. Auf einer Wohlfühlmesse begegnete ich Katrin Lambert, die dort über »PraNeoHom« (Praxisorientierte Neue Homöopathie) und Quantentransformation referierte. Gespannt saß ich in ihrem Vortrag und war direkt angetan von der Souveränität, die sie ausstrahlte. Selbstbewusst wandte sie vor den Augen der Zuschauer ihren Tensor an und testete verschiedene Lebensmittel auf ihre Schwingung und ihre Wirksamkeit für den Körper.

Im Leben gibt es keine Zufälle. Ein Jahr später fanden wir bei einem beruflichen Termin wieder zusammen, und ich berichtete ihr von meinen Symbolen. Dank ihr ist es überhaupt so weit gekommen, dass diese Symbole nun endlich hinaus in die Welt gehen und Anwendung erfahren dürfen.

Mithilfe des intuitiven Schreibens und der Quantentransformation wie auch durch unser beider Verbindung zur Geistigen Welt und den positiven Energien haben wir nach vielen Testungen nun dieses Kartenset mit Anleitung vollendet. Mögen die Symbole für all jene, denen sie dienen dürfen, ein positiver Beitrag für den Weg in die Neue Zeit sein!

Möglichkeiten der Informationsübertragung

Wenn wir die Information eines Symbols als Impuls in ein System geben möchten, müssen wir seine Energie in es hineinbringen. Das ist möglich, indem wir das Symbol aufmalen oder auslegen, aber auch durch unsere Vorstellung. Der Geist ist ein kraftvolles Werkzeug, das Energien lenken kann. Wie du ein Zeichen anwenden kannst, hängt von seiner Information ab. Nicht jedes Symbol kann aufgemalt, auf Wasser übertragen oder visualisiert werden. Aus diesem Grund hat jede Karte Anwendungshinweise, an die es sich zu halten gilt. Zum Verständnis für die praktische Durchführung werden im Folgenden alle Optionen genauer erläutert. Die individuelle Anwendung kannst du dann personenbezogen austesten. Mehr hierzu erfährst du im Kapitel »Möglichkeiten des Testens« ab Seite 22.

Aufmalen

Um deinen Körper mit einem Symbol zu informieren, kannst du es mit einem ungiftigen Stift aufmalen. Die entsprechende Körperstelle fragst du am besten kinesiologisch ab. Es ist auch möglich, die Karte aufzulegen und die Energie in Gedanken zu übertragen.

Manchmal kann es effektiver sein, das Symbol nicht nur auf die betroffene Stelle, sondern körpergroß aufzutragen. Beim Symbol »Knie« z. B. stellen die Kreise die Knie dar und werden tatsächlich auf die Knie gemalt. Die Striche führen die Oberschenkel hinauf. Auf den Unterleib ziehst du auf Hüfthöhe den waagerechten Verbindungsstrich und eine Linie hoch bis zum Bauchnabel.

Bekräftige dies bei allen Symbolen mit den Worten: »Einnorden, bitte!« Diese Anweisung bewirkt, dass sich das Symbol, ähnlich wie ein Kompass, richtig ausrichtet und optimal wirken kann.

Bitte teste, wie lange das Symbol am Körper verweilen soll und nach welcher Zeit es abgewaschen oder mit dem Neutralisierungssymbol aus diesem Kartenset aufgelöst werden muss.

Visualisieren

Betrachte das Symbol, und nimm seine Energie auf. Beauftrage es, nur so lange zu wirken, wie es deinem höchsten Wohl dient. Du kannst diese Intention auch laut und klar aussprechen.

Bei der Arbeit am Körper kannst du dir das Symbol in deiner eigenen Größe vorstellen. Die Erfahrungen haben gezeigt, dass es hilfreich ist, das körperhohe Symbol einzuladen, in deinen Körper einzutreten und dort zu wirken.

Fortgeschrittene können sich die Symbole dreidimensional vorstellen. Oftmals haben diese dann eine Drehung. Die 3D-Version wirkt sehr stark und sollte nur mit etwas Erfahrung eingesetzt werden.

Wasserübertragung

Nimm die Karte mit dem Symbol, mit dem du arbeiten möchtest, in die linke, aufnehmende Hand (in der Regel ist sie das auch bei Linkshändern, teste es im Zweifelsfall kinesiologisch aus). Stelle ein möglichst klares und mit reinem Wasser gefülltes Glas auf die Handfläche der rechten Hand. Sprich: »Wasserübertragung bitte. Die Zellen nehmen die Information jetzt auf.« Schaue dabei das Symbolen 1–2 Minuten lang an, bis du spürst, dass die Übertragung erfolgt ist. Rieche dann an dem Wasser, und trinke es. Alternativ kannst du das Wasserglas auf die Karte stellen und diese 5 Minuten lang wirken lassen.

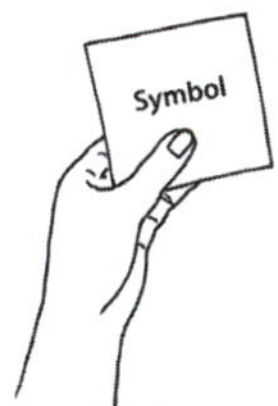

Einschwingen

Auch mit einer Einhandrute oder einem Pendel kannst du ein Symbol auf einen Körper oder einen Gegenstand übertragen. Gib dabei den Befehl: »Einschwingen, bitte!« Den Gegenstand kannst du anschließend bei oder an dir tragen. Gut eignet sich z. B. ein Stein, den du in die Hosentasche steckst, damit er dich den Tag über begleitet.

Ohne ein Hilfsmittel wie Tensor oder Pendel kannst du den Befehl anwenden: »Energieübertragung bitte jetzt!« Wenn du eine Dauer ausgetestet hast, dann erwähne sie ebenfalls in der Anweisung, die du dem Symbol gibst.

Legende

 Visualisierung

 Wasserübertragung

 Aufmalen

 Orte

 Warnhinweise

 Schutzsymbol

Sind die Zeichen durchgestrichen, sollte dieses Symbol auf keinen Fall für die entsprechende Anwendung genutzt werden.
Auf einigen Karten gibt es zudem einen Hinweis, dass das Symbol im Zusammenspiel mit einem anderen Symbol aus dem Set eingesetzt werden sollte, das klein wiedergegeben ist.

Möglichkeiten des Testens

Da jeder Mensch und jedes Problem individuell ist, können wir keine allgemeingültigen Anweisungen für den Einsatz der Symbole geben. Bei dem einen sollte eine Information nur kurz übertragen werden, andere brauchen sie über einen längeren Zeitraum. In manchen Situationen wirkt das Aufmalen am stärksten, in anderen ist die Visualisierung effektiver. Bist du noch nicht sicher in deiner Intuition und zweifelst ab und zu an deinen Eingebungen, kann es hilfreich sein, eine Testmethode einzusetzen, die dir verrät, welches Symbol dir gerade wie die beste Unterstützung bietet. Denn unser Körper weiß genau, was er oder eine Situation benötigt. Durch radiästhetische und kinesiologische Verfahren sind wir in der Lage, unsere Körperweisheit zu befragen und so klare Aussagen zu erhalten, z. B. darüber, welches Symbol uns gerade hilft, in welcher Form und wie lange wir es anwenden sollten.

Dein Körper kennt immer die Wahrheit!

Es gibt zahlreiche gute Testmethoden. Wichtig ist, dass du eine findest, mit der du dich gut und sicher fühlst. Also übe fleißig, und zwar immer mit der klar formulierten Intention: »Mein Geist ist frei von vorgefassten Meinungen.« Es hilft, die Dinge mit klarer Absicht laut auszusprechen. Trainiere mit einfachen Objekten, z. B. Lebensmitteln, Getränken, Kosmetika, Putzmitteln, bei denen die Zuordnung leicht gelingt. Teste jedoch alles ohne vorgefasste Meinung aus – denn auch wenn Zucker ungesund ist, kann ein Stück Schokolade zuweilen ein Heilmittel sein! Lege Pausen ein, trinke ausreichend, und achte darauf, dass kein Druck oder Stress entsteht.

Radiästhetisches Testen

Pendel

Lege beide Hände auf deine Oberschenkel, und sprich laut aus: »Meine beiden Hände liegen fest auf meinen Beinen, ich teste unvoreingenommen und ohne vorgefasste Meinung!«

Nimm nun die Pendelschnur zwischen Daumen und Zeigefinger der rechten Hand. Sprich laut aus: »Gib mir ein Ja!«, und schaue, welche Bewegung das Pendel macht. Dies ist die Drehrichtung für eine positive Antwort. Mache die Gegenprobe mit: »Gib mir ein Nein!«, und merke dir, welche Bewegung für eine negative Antwort steht.

Auch der Namenstest eignet sich zur Übung. Teste die Pendelantworten, indem du sagst: »Ich bin (dein Name).« Die Drehbewegung, mit der dein Pendel reagiert, signalisiert ein Ja. Mache die Gegenprobe, indem du sagst: »Ich bin (ein anderer Name).« Das Pendel sollte jetzt anders ausschlagen.

Hast du ein eindeutiges Ergebnis bekommen, halte das Pendel an und bedanke dich.

Tensor/Einhandrute

Um eine neutrales und egofreies Testen zu gewährleisten, lege beide Hände auf deine Oberschenkel, und sprich laut aus: »Meine beiden Hände liegen fest auf meinen Beinen, ich teste unvoreingenommen und ohne vorgefasste Meinung!«

Nimm nun den Tensor in die rechte Hand, und drehe die Handfläche deiner linken Hand zum Empfang nach oben. Sprich laut aus: »Gib mir ein Ja!«, und schaue, welche Bewegung der Tensor macht. Bei manchen Menschen ist eine vertikale Auf-und-ab-Bewegung eine positive Antwort, bei manchen eine horizontale Rechts-und-links-Bewegung. Der Ausschlag, der kommt, ist jetzt für immer dein Ja. Mache die Gegenprobe mit: »Gib mir ein Nein!«, und merke dir, welche Bewegung für eine negative Antwort steht. Es ist nur wichtig, diese eigene »Eichung« zu kennen. Auch mit dem Tensor ist der Namenstest zur Übung hilfreich.

Ist die Antwort eindeutig, lasse den Tensor zur Ruhe kommen und bedanke dich.

Kinesiologisches Testen

Körpertest

Stelle dich aufrecht und entspannt hin, mit lockeren Knien und stabilem Becken. Sage: »Ich heiße (dein Name).« Warte ab, und fühle, ob sich dein Körper nach vorn neigt. Das entspricht einem Ja. Sage zur Gegenprobe: »Ich heiße (ein anderer Name).« Nun sollte sich dein Körper nach hinten neigen. Das entspricht einem Nein. Den gleichen Test kannst du mit der Aufforderung »Gib mir ein Ja!« und »Gib mir ein Nein!« machen.

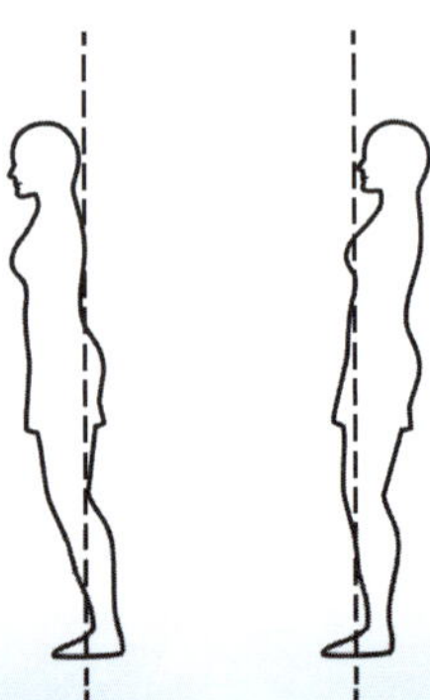

Fingertest

Forme mit den Daumen und Zeigefingern deiner Hände 2 ineinander verschränkte Ringe. Sage dann: »Ich heiße (dein Name)«, und ziehe die Hände auseinander. Spüre den Widerstand. Mache die Gegenprobe, indem du sagst: »Ich heiße (ein anderer Name).« Jetzt sollten sich die Ringe leicht voneinander lösen lassen. Den gleichen Test kannst du mit der Aufforderung »Gib mir ein Ja!« und »Gib mir ein Nein!« machen.

Bei einer negativen Antwort ist die Körperspannung niedrig, deshalb lassen sich die Finger leicht auseinanderziehen. Es kann zum Üben hilfreich sein, sich eine kleine Münze zwischen den linken Daumen und den linken Zeigefinger zu legen und den Test durchzuführen. Dadurch findest du heraus, wie viel Druck ausreicht, um die Finger zusammenzuhalten.

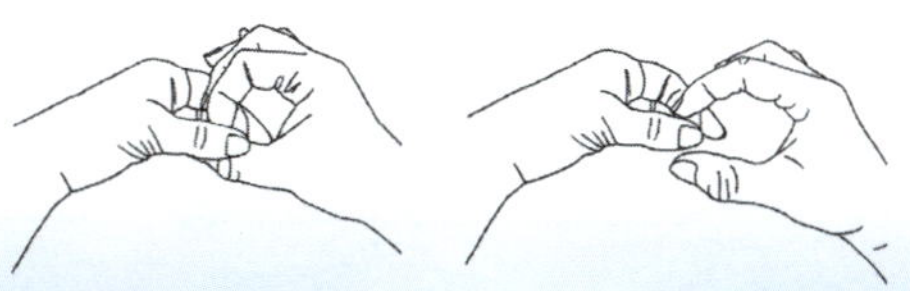

Einhandtest

Halte deine rechte Hand etwas hoch, und lege die Spitze des Mittelfingers auf das mittlere Glied deines Zeigefingers. Sage dann: »Ich heiße (dein Name).« Drücke den Zeigefinger mit dem Mittelfinger kräftig hinunter, und spüre den Widerstand. Mache die Gegenprobe, indem du sagst: »Ich heiße (ein anderer Name).« Fühle, ob dein Mittelfinger den Zeigefinger hinunterdrücken kann. Den gleichen Test kannst du mit der Aufforderung »Gib mir ein Ja!« und »Gib mir ein Nein!« machen.

Bei einer negativen Antwort ist die Körperspannung niedrig, deshalb gibt der Zeigefinger schnell nach. Manchen Menschen fällt es leichter, den Zeigefinger auf das mittlere Glied des Mittelfingers zu legen. Auf diese Weise kannst du genauso testen.

Dieser Test ist sehr unauffällig und eignet sich daher auch gut für unterwegs.

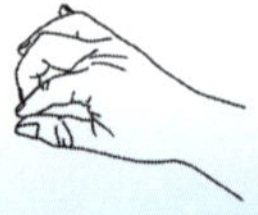

Armlängentest

Stelle oder setze dich aufrecht und entspannt hin. Deine Füße stehen dabei fest auf dem Boden. Lasse deine Arme locker neben deinem Körper herabhängen, und mache mit den Händen lose Fäuste. Sage: »Ich heiße (dein Name).« Dann führe, ohne hinzusehen, deine Hände nicht zu langsam vor dem Körper zusammen. Die Daumen zeigen dabei nach oben. Treffen sich die Hände recht genau, bedeutet das Ja. Mache die Gegenprobe, indem du sagst: »Ich heiße (ein anderer Name).« Diesmal sollten die Hände verschoben aufeinandertreffen. Den gleichen Test kannst du mit der Aufforderung »Gib mir ein Ja!« und »Gib mir ein Nein!« machen.
Es hilft, sich vorzustellen, dass man hinter dem eigenen Körper steht und die Situation von außen betrachtet.

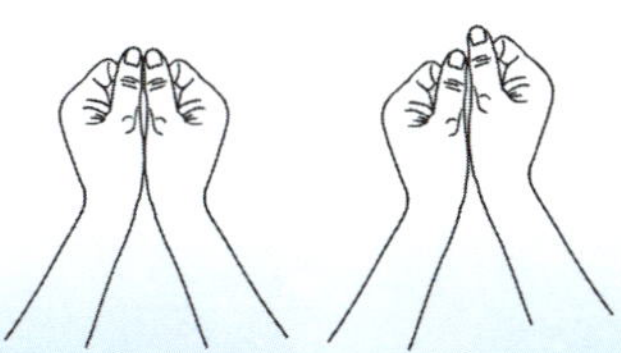

Einsatz der Testmethoden

Nicht jede Testmethode funktioniert bei jedem. Probiere die hier vorgestellten Techniken einfach aus, und schaue, welche sich für dich gut und richtig anfühlt und eindeutige Antworten liefert.

Um ein Symbol darauf zu testen, ob es dein Anliegen optimal unterstützt, bieten sich zwei Verfahren an.

Beim ersten testest du eine einzelne Karte mit der Frage: »Ist dies jetzt das richtige Symbol für mich?« Die Karte kannst du entsprechend deinem Thema vorher aus dem gesamten Set heraussuchen oder dir nur vorstellen. Wenn du keine Idee hast, welches Symbol geeignet sein könnte, funktioniert es meist auch, die Karten aufzufächern und blind eine herauszuziehen, die du dann austestest.

Mit dem anderen Verfahren suchst du aus dem gesamten Set die richtige Karte heraus. Teile es dafür in 2 ungefähr gleich große Stapel, und teste beide mit der Frage: »Befindet sich das Symbol, das jetzt das richtige für mich ist, in diesem Stapel?« Du erhältst dann bei einem Stapel eine positive, beim anderen eine negative Antwort. Den gewählten Stapel teilst du wieder in 2 ungefähr gleich große Stapel, die du einzeln testest. Auf diese Weise landest du schließlich bei der Karte, mit der du dein Thema zum jetzigen Zeitpunkt und in deiner aktuellen Situation optimal bearbeiten kannst.

Anwendung der Karten

Formuliere vor dem Einsatz der Symbole immer genau deine Intention. Was ist dein Anliegen? Was möchtest du wo bewirken?
Frage, welches Zeichen dich zu diesem Zeitpunkt oder in der jetzigen Situation am besten unterstützt, und teste es mit dem Verfahren aus, mit dem du dich am wohlsten fühlst. Bist du unsicher oder erhältst zwei oder mehr Möglichkeiten, ziehe blind eine Karte und vertraue deiner eigenen Körperweisheit. Das Ergebnis wird das richtige sein!

Bitte sprich vor der Anwendung klar aus, dass das Symbol deinem höchsten Wohl und dem aller Beteiligten dienen möge.
Teste anschließend auch die Anwendungsdauer und die Anwendungsart aus. Weise das Symbol an, nur für die Zeitspanne auf dich zu wirken, die du als Ergebnis erhalten hast. Die Wirkung visualisierter Symbole kannst du ausschließlich durch solch einen Befehl zeitlich begrenzen.

Die Karten selbst kannst du am Körper oder in der Handtasche bei dir tragen. Die Wirkung eines Symbols wird durch Einschwingen, Aufmalen oder Wasserübertragung jedoch verstärkt. Beachte dazu bitte die Hinweise auf den einzelnen Karten.
Teste aus, ob das Symbol, mit dem du arbeiten möchtest, nach der Wirkungsphase entfernt oder neutralisiert werden muss. Es gibt im Kartenset ein allgemeines Neutralisierungssymbol, das du dazu verwenden kannst. Es reicht oft aber auch, wenn du das Symbol entfernst oder abwäschst.
Wenn du mehrere Symbole verwenden möchtest, teste bitte unbedingt vorher aus, ob sie gleichzeitig oder besser mit zeitlichem Abstand eingesetzt werden sollten.

Jetzt sind alle Anwendungsfragen geklärt, und es kann losgehen! Bedanke dich.

Arbeit mit den Chakras

Kronenchakra	Spiritualität, Verbindung zur Quelle des Seins
Drittes Auge	innere Wahrnehmung, höheres Bewusstsein
Halschakra	Kommunikation, Selbstausdruck
Herzchakra	Liebe, Heilung, Partnerschaft
Solarplexus	Weisheit, Macht, Fülle, Selbstwirksamkeit
Sakralchakra	Sexualität, Kreativität, Familie
Wurzelchakra	Urvertrauen, Erdung

Die Lehre der Chakras (Sanskrit für »Ring« oder »Rad«) basiert auf jahrtausendealtem Wissen aus Indien und findet Anwendung in Yoga, Tantra und Ayurveda. Es handelt sich dabei um Energiezentren, die sich ungefähr auf einer Linie mit unserer Wirbelsäule befinden. Sie werden auch in anderen Gesundheitslehren der Welt wie der Traditionellen Chinesischen Medizin und indi-

genen Weisheitslehren beschrieben. Betrachtet man Körper, Geist und Seele als ein zusammenhängendes System, wird klar, dass eine Störung auf einer Ebene des Seins Auswirkungen auf alle anderen Bereiche hat.
Die Chakras halten in rotierender Bewegung die Energie im Fluss und verteilen sie an alle anderen Körperzonen weiter. Sie sind auf der körperlichen Ebene mit den Wirbeln, Organen und Drüsen in der entsprechenden Region verbunden. Ihre Wirkung betrifft aber nicht nur die physische Ebene, sondern auch alle multidimensionalen Ebenen, z. B. den Ätherkörper, den Schmerzkörper und den Emotionalkörper.

Jedem Chakra wird traditionell eine bestimmte Farbe zugeordnet, wobei es auch hier individuelle Abweichungen geben kann. In der Gesamtheit unseres Seins geht ihre Anzahl über die 7 gängigen Chakras hinaus auf bis zu 12 Hauptchakras, nach oben in höhere Verbindungsebenen (Seelenchakra), nach unten in die Erdanbindung (Erdsternchakra). Aber auch auf den Handflächen und Fußsohlen sitzen sogenannte Nebenchakras.

Wer sich mit seinen Energiezentren gut verbunden fühlt und sicher in der Anwendung ist, kann auch diese in seine tägliche Arbeit mit den Symbolen integrieren.
Testest du z. B. eine Störung oder Blockade in einem deiner Chakras, kannst du ein oder mehrere geeignete Symbole darauf anwenden. Du kannst sie, je nach Symbol, auf der entsprechenden Höhe auf den Körper aufmalen, visualisieren oder einschwingen. Teste, wie bei allen anderen Anwendungen, immer, wie lange sie wirken dürfen, und beachte die Hinweise auf der Karte.
Durch die Harmonisierung eines Chakras kommen immer auch die körperlichen, emotionalen und seelischen Aspekte, die mit ihm verknüpft sind, in die Balance.

Legesysteme

Wie bei klassischen Kartendecks können die hochenergetischen Zeichen der Neuen Zeit auch als Orakel gelegt werden. Überlege dir vorher genau, ob der Fokus auf Themen aus der Vergangenheit oder auf der aktuellen Gegenwart liegt. Geht es um rein persönliche Themen oder um dein Wirken in der Welt? Hier gibt es viele Möglichkeiten, zu experimentieren.

Einzelne Tageskarte

Du kannst eine einzelne Karte mit der Intention ziehen, den bestmöglichen Impuls für die nächsten 24 Stunden zu erhalten. Folgende und viele andere Fragen kannst du dir dabei stellen:

- Welche Energie begleitet mich heute optimal?
- Was bedarf heute meiner besonderen Aufmerksamkeit?
- Mit welcher Energie verbinde ich mich heute, um das beste Ergebnis meines Vorhabens zu erzielen?

2-Karten-Orakel

Ziehe blind nacheinander 2 Karten aus dem Deck. Lege die erste nach links, die zweite nach rechts.

- Die 1. Karte repräsentiert deine derzeitige Situation.
- Die 2. Karte zeigt dir den nötigen Impuls zu deren Optimierung oder Lösung.

3-Karten-Orakel

Ziehe blind nacheinander 3 Karten aus dem Deck. Lege die erste nach links, die zweite in die Mitte und die dritte nach rechts.

- Die 1. Karte repräsentiert deine derzeitige Situation.
- Die 2. Karte zeigt dir den nötigen Impuls zu deren Optimierung oder Lösung.
- Die 3. Karte offenbart dir das längerfristige Resultat.

Die rein körperlich wirkenden Karten (Knie, Hüfte, Wirbelsäule, Schultern, Zähne) kannst du für die Orakellegung unter Umständen außer Acht lassen und vorher aus dem Deck aussortieren.

Zusammenfassung

1. Fragestellung klar definieren
2. Symbol auswählen
3. Anwendungsart testen
4. Anwendungsdauer testen
5. Anweisung geben
6. Neutralisierung klären
7. Bedanken

Die Drei ist eine hochwirksame universelle Zahl. Daher raten wir dir dazu, dich 3-mal laut oder in Gedanken für die Informationsübertragung zu bedanken.

Nachwort

Von Herzen wünschen wir dir viel Freude und Erfolg bei der Arbeit mit unseren Symbolen! Mögen sie dir bestmöglich dienen.
Sie bereichern unser Leben nun schon länger auf vielfältige Weise, und es kommen fast täglich neue Impulse oder Symbole hinzu. Daher sind wir stolz auf dieses Geschenk, das wir von der Geistigen Welt erhalten haben, und möchten dich in vollem Umfang daran teilhaben lassen und es mit so vielen Menschen wie möglich teilen.
Wir würden uns sehr über Erfahrungsberichte und Anregungen freuen. Auf unserer Facebookseite »*Transformation Code – Symbole der Neuen Zeit*« stehen wir dir für Fragen zur Verfügung und freuen uns auf einen regen Austausch mit Gleichgesinnten. Auf Instagram findest du uns unter @*transformation.code.*
Sei gespannt: Es gibt zum Zeitpunkt des Erscheinens dieses Kartensets bereits viele neue wertvolle »Transformation Codes«!
Danke dir für dein Sein!

Simone Overath und Katrin Lambert

Über die Autorinnen

Simone Overath

Als Sandwichkind im idyllischen und immer verregneten Bergischen Land aufgewachsen, fühlte sich Simone Overath immer anders als die anderen. Lange dachte sie, sie sei adoptiert, bis die optische Ähnlichkeit zu ihrer Familie nicht mehr zu leugnen war. Doch innerlich hatte sie ein anderes Verständnis von einem schönen Miteinander, als sie es erlebte: ohne Konkurrenz und mit viel Liebe und Harmonie. Trotz einer wundervollen Kindheit mit viel Natur und fantasievollen Spielen fühlte sie sich oft unverstanden. Schon mit 7 Jahren wollte sie die Welt verbessern. Ihr Traum, als Schauspielerin erfolgreich zu werden und die Hälfte ihres Vermögens an bedürftige Kinder in Afrika zu geben, war über ein Jahrzehnt sehr präsent.

Doch auch hier haben Systeme, auferlegte Glaubenssätze und erlernte Ängste ihr Übriges getan, um sie von diesem Weg abzubringen. Der tiefe Wunsch nach Erfüllung im Beruf ist allerdings immer geblieben. So studierte sie etwas »Solides« unter viel zeitlichem und finanziellem Druck, und nach einer Findungsphase mit Auslandsaufenthalt schlug sie den Weg in ein »normales« Leben mit erfolgreicher Leitungsposition, einem Mann, Kindern und Eigenheim ein.

Doch was wurde aus ihrer Berufung und dem immer lauter werdenden Wunsch, anderen eine Begleiterin in ein ausgeglicheneres und harmonischeres Leben zu sein?
Eine Antwort ist ihre Selbstständigkeit als Vertriebspartnerin von »Young Living«-Produkten. Aus tiefster Überzeugung bringt sie den Menschen diese hochqualitativen und wirksamen essenziellen Öle und natürlichen Produkte näher. Dank ihres Abschlusses als Agraringenieurin kann sie ihre Kunden mit fachlichem Wissen beraten und unterstützen.

Auf geistiger Ebene konnte sie durch die Fähigkeit des intuitiven Schreibens ihr Leben besser verstehen und greifbarer machen. Sinnkrisen wurden für sie zu Lernerfolgen auf allen Ebenen. Es hilft ihr in ihrem täglichen Tun, sich auf das Jetzt einzulassen und ihren Mitmenschen – und letztlich auch sich selbst – tolerant und liebevoll zu begegnen.
Das Praktizieren des intuitiven Schreibens und Zeichnens lässt Worte und Bilder durch sie entstehen, die in Form von Klangwörtern (Gedichten), Büchern und nun diesem Symbol-Kartenset andere Menschen im Herzen berühren.

So geht sie ihren Weg weiterhin mit viel Optimismus und dem tiefen Wissen, aus gutem Grund hier zu sein und so vielen Menschen wie möglich in deren Dasein eine gute Unterstützung zu bieten. Ihr innerster Wunsch ist, eine heile Erde mit einem liebevollen Miteinander aller Lebewesen mitzugestalten, denn Veränderung beginnt immer bei einem selbst.

www.simone-overath.com
Instagram: @bewonderfulandlovely

Katrin Lambert

Katrin Lambert ist diplomierte Designerin und arbeitet schon lange in der Sportmode-Branche. Als Gestalterin und Co-Autorin von zahlreichen Publikationen zu den Themen »Farbe«, »Grafik« und »Modetrends« war der Einstieg in die Welt der Symbole für sie ein fließender Übergang. Auch ihre malerisch begabten Ahnen ermöglichen ihr einen Zugang zur Welt aus künstlerischer Sicht.

Während Beruf und Familie für sie im Vordergrund standen, ließ sie ihr intuitives Talent eher unbeachtet. Nach einer heilsamen Erfahrung mit den Dimensionen der Quantenheilung entdeckte sie die Kraft ihrer medialen Verbindung und integrierte sie in ihr Leben und in ihr Wirken. Sie erlernte durch Ausbildungen und Selbststudium spirituelle und informationsmedizinische Ansätze und widmet sich nun überwiegend ihrer

transformativen Arbeit. Diese basiert stets auf der Harmonisierung der Problematik und damit der Frequenzerhöhung des Klienten.
Katrin Lambert ist zertifizierte Praktikerin der »PraNeoHom«, die sie durch »Quantum Transformation«, »Matrix Quanten Coaching« und schamanische Methoden ergänzt. Die Anwendung hochenergetischer Zeichen und Symbole hat einen festen Platz in ihrer Arbeit und in ihrem Leben. Sie lebt in der Nähe von Düsseldorf und arbeitet sowohl im deutsch- als auch im englischsprachigen Raum.

»Alles ist Frequenz. Nicht nur Klänge und Töne, auch Zeichen und Symbole schwingen. Die Kraft von Simones Zeichen, die Klarheit und Reinheit der Anbindung an ihre geistige Führung haben mich vom ersten Moment an begeistert und überzeugt. Ihre ›Transformation Codes‹ als Symbole der Neuen Zeit stellen ein wertvolles Werkzeug für ambitionierte Laien und professionelle Anwender/-innen dar.«

www.quantum-transformation.com
Instagram: @quantumtransformation

Bildnachweis

Alle Symbole auf den Karten von Simone Overath.
Skizzen S. 19 und S. 26–29 von Katrin Lambert.

Hintergründe auf den Karten:

© Skybox Creative (www.designcuts.com): Universelles Gleichgewicht, Weibliche Kraft/Mondin, Empfang, Universeller Glaube

© ArstistMef (www.artstation.com): Neutralisation allgemein, Aufstieg der Menschheit, Offene Kanäle, Allgemeines Verbindungselement, Verbindung zum höheren Selbst, Zähne, Traumaheilung, Kraft der Gnade, Zentrales Nervensystem/Herzschmerz, Macht der Tagesgleiche, Antenne zu höheren Ebenen, Harmonisierung nach Verlust, Dimensionsebenen, Innerer Frieden

© Chris from Dreamstale (www.pixelbuddha.net): Antenne für die Erdung, Transition, Knie, Hüfte, Allgemeiner Schutz, Drachin/Reinigung, Entstörung von Elektrosmog, Freiheit zur Selbstbestimmtheit, Wirbelsäule, Schutz während des Kontakts zur Anderswelt, Die Schere, Erhebung des irdischen Blickwinkels, Antenne in die Weite, Die dritte Ebene

© 7th Avenue Design (www.pixelbuddha.net): Befreiung und Verankerung des Göttlich-Männlichen, Kosmische Urkraft, Vereinigung mit dem Göttlich-Weiblichen, Lebensweg, Kontakt zur Erzengelenergie, Absoluter Angstbefreier, Harmonisierung der Verbindung nach oben

© www.free-psd-templates.com: Spezifisches Neutralisierungssymbol, Schultern, Blockadebrecher

© NassyArt (www.deeezy.com): Circle-Quetra, Die kosmischen Wegweiser

© GraphicBurger: Essenz der Natur

Diese Symbole haben
ihren Ursprung in der
Quelle allen Bewusstseins
und gehorchen der
heiligen Geometrie.
Sie stehen dir kraftvoll
zur Seite, um dir
zu Erkenntnissen
zu verhelfen und dich auf
deinem individuellen Weg
auf allen Ebenen deiner
Existenz zu unterstützen.